アルプスの少女
ハイジ
幸運を呼ぶ100の言葉

HEIDI A GIRL OF THE ALPS × Words of wisdom

アルプスの少女ハイジ。
あらゆる世代の心に
感動を残したアニメーション。

美しい背景と構図、
人間の心を一つひとつきちんと描写したこの作品は、
世界各国で愛されています。
本書では、そんな心温まるアニメのワンシーンに、
世界中から集めた100の偉人の名言を
組み合わせました。
その言葉には、幸せに生きるためのヒントが
たくさん詰まっています。

繰り返しの日々に物足りなさを感じることもありますが
ハイジの世界に迷い込んだ気持ちを味わいながら、
ぴったりの名言と出逢い、
あなたの毎日に幸運を呼び込みますように。

CONTENTS

本書の画像はテレビ放映時の映像を元に使用しております。
当時のフィルム映像の風合いをお楽しみください。

本書を制作するにあたり、引用・参照した参考文献は多岐にわたりますので、
列記を省略させていただき、ここに感謝の意を表します。

第1章

生きる

Live life

HEIDI A GIRL OF THE ALPS

× *Words of wisdom*

Lena Mary Calhoun Horne / Bob Marley / Osamu Dazai

Mahatma Gandhi / Mason Cooley / Goethe

Konosuke Matsushita / Charlie Chaplin / Albert Einstein

Benjamin Disraeli / Audrey Hepburn / Walt Disney

行きづまるのは
重荷を背負っているからではないわ。
背負い方がいけないだけなの。

――レナ・ホーン（歌手）1917–2010

自分の生きる人生を愛せ。
自分の愛する人生を生きろ。

——ボブ・マーリー（ミュージシャン）1945-1981

好奇心を爆発させるのも冒険、
また、好奇心を抑制するのも、
やっぱり冒険、どちらも危険さ。
人には、宿命というものがあるんだよ。

――太宰治（小説家）1909―1948

明日死ぬかのように生きよ。
永遠に生きるかのように学べ。

――マハトマ・ガンジー（政治指導者）1869–1948

「それも、いいじゃないか」は、
おもしろい人生のスローガン。

——メーソン・クーリー（警句家）1927–2002

その夢を失くして、
生きてゆけるかどうかで考えなさい。

——ゲーテ（詩人）1749–1832

涙とともに
パンを食べたものでなければ、
人生の味は分からない。

――ゲーテ（詩人）1749–1832

人生を恐れてはいけない。
人生に必要なものは、勇気と想像力。
それとほんの少しのお金だ。

——チャーリー・チャップリン（コメディアン）*1889–1977*

「どこかまだ足りないところがある」
「まだまだ道があるはずだ」と、
考え続ける人の日々は輝いている。

――松下幸之助（実業家）1894－1989

人生とは
自転車のようなものだ。
倒れないようにするには
走らなければならない。

——アルベルト・アインシュタイン（理論物理学者）1879–1955

人生における成功の秘訣とは、
チャンスが訪れたときに
それを生かせるよう
準備を整えておくことである。

――ベンジャミン・ディズレーリ
（政治家）1804-1881

未来を心配してばかりいたら、
現在を思うさま楽しむゆとりが
奪われてしまうわ。

——オードリー・ヘップバーン
（女優）*1929－1993*

自分自身を信じてみるだけでいい。
きっと、生きる道が見えてくる。

――ゲーテ（詩人）1749－1832

いくつになっても分からないものが
人生というものである。
分からない人生を、
分かったようなつもりで歩むほど
危険なことはない。

——松下幸之助（実業家）1894－1989

笑い声は時代を超え、
想像力は年を取らない。
そして、夢は永遠のものだ。

——ウォルト・ディズニー（実業家）1901–1966

第2章

心を磨く

Polish the mind

HEIDI A GIRL OF THE ALPS

× Words of wisdom

Masutatsu Oyama / Antoine de Saint-Exupéry

Helen Keller / Konosuke Matsushita / Mark Twain

King Solomon / Descartes / Eudora Welty

Winston Churchill / Goethe / Saneatsu Mushanokoji

Steve Jobs / Audrey Hepburn

特技を磨くとは、
自分を磨くことだ。
自分を磨くとは、
自信を磨くことだ。

——大山倍達（空手家）1923–1994

心で見なくちゃ、
ものごとはよく見えないってことさ。
かんじんなことは、
目に見えないんだよ。

——アントワーヌ・ド・サン＝テグジュペリ（作家）1900－1944

自分の欠点を直視し認めることです。
ただし欠点に
振り回されてはいけません。

――ヘレン・ケラー（教育家）1880－1968

悩みはあって当たり前。
それは生きている証であり、
常に反省している証拠でもある。

――松下幸之助（実業家）1894―1989

優しさとは、耳の聞こえない者も聞くことができ、目の見えない者も見ることができる言葉なんだ。

——マーク・トウェイン（小説家）1835–1910

陽気な心は、薬のように人のためになる。

――ソロモン（古代イスラエル 第3代の王）紀元前1011年頃－紀元前931年頃

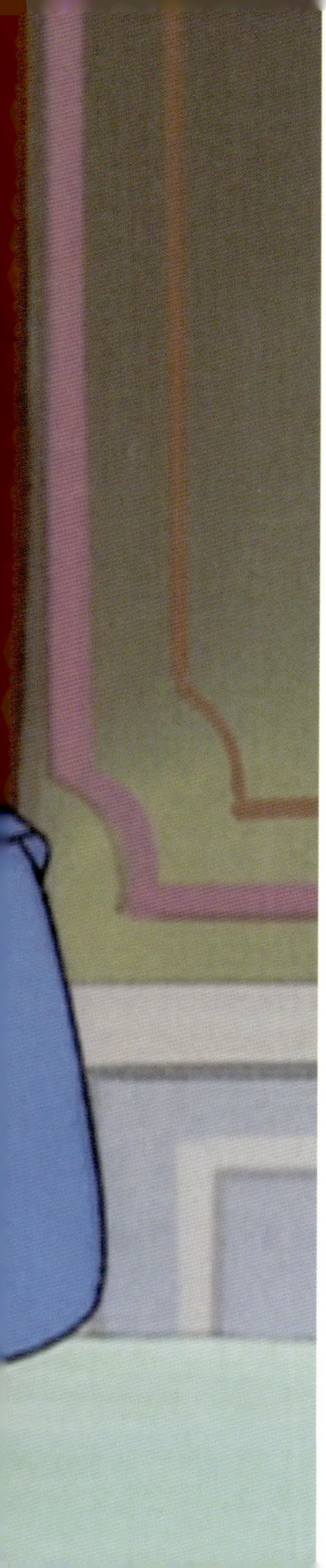

良き書物を読むことは、
過去の最も優れた人たちと
会話をかわすようなものである。

――デカルト（哲学者）*1596–1650*

すべてを知りつくしたなんて
決して思わないことよ。

——ユードラ・ウェルティ（作家）1909–2001

誠実でなければ、
人を動かすことはできない。
人を感動させるには、自分が心の底から
感動しなければならない。
自分が涙を流さなければ、
人の涙を誘うことはできない。
自分が信じなければ、
人を信じさせることはできない。

――ウィンストン・チャーチル
（政治家）1874−1965

人間は、
何を滑稽だと思うかと
いうことによって、
何よりもよくその性格を示す。

——ゲーテ（詩人）1749−1832

才能で負けるのは
まだ言い訳が立つ、
しかし誠実さや、
勉強、熱心、精神力で負けるのは
人間として恥のように思う。
他では負けても、
せめて誠実さと、
精神力では負けたくないと思う。

——武者小路実篤（小説家）1885―1976

他人の意見で
自分の本当の心の声を消してはならない。
自分の直感を信じる勇気を持ちなさい。

――スティーブ・ジョブズ（実業家）1955－2011

愛は行動なのよ。
言葉だけではだめなの。
言葉だけですんだことなど
一度だってなかったわ。
私たちには生まれたときから
愛する力が備わっている。
それでも筋肉と同じで、
その力は鍛えなければ
衰えていってしまうの…。

——オードリー・ヘップバーン（女優）1929−1993

第3章

受け入れる

Accept

HEIDI A GIRL OF THE ALPS

× *Words of wisdom*

Aleister Crowley / Walt Disney / Michael Jackson

Dale Carnegie / Goethe / Hermann Hesse

Audrey Hepburn / Charlie Chaplin

Benjamin Disraeli / Romain Rolland / Marilyn Monroe

世界とは鏡のようなもの。
それを変えるには
あなたを変えるしかない。

——アレイスター・クロウリー（著作家）1875–1947

正直に
自分の無知を
認めることが大切だ。
そうすれば、
必ず熱心に
教えてくれる人が現れる。

——ウォルト・ディズニー（実業家）1901–1966

みんな自分の能力を疑いすぎるのです。
自分で自分を疑っていては、
最善を尽くすことなんてできないんです。
自分が信じなかったとしたら、
誰が信じてくれるのでしょう？

——マイケル・ジャクソン（エンターテイナー）1958–2009

気のふさいだ馬を見たことがあるか？
しょげかえった小鳥を見たことがあるか？
馬や小鳥が不幸にならないのは、
仲間に「いいかっこう」を
見せようとしないからだ。

——デール・カーネギー（作家）1888–1955

すべてを今すぐに知ろうとは無理なこと。
雪が解ければ見えてくる。

――ゲーテ（詩人）1749–1832

人生を明るいと思う時も、暗いと思う時も、
私は決して人生をののしるまい。

——ヘルマン・ヘッセ（詩人）1877–1962

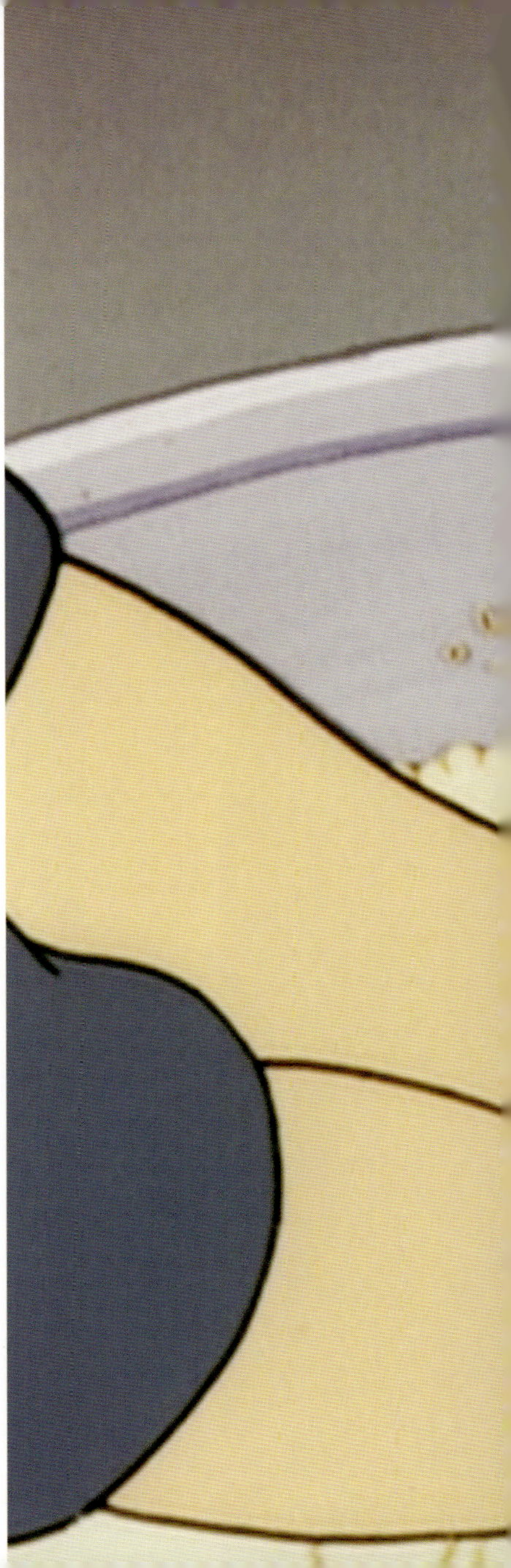

どんな人でも、
不安がきれいに消えるということはないと思うの。
成功すればするほど、
自信は揺らぐものだと思うこともある。
考えてみれば、恐ろしいことね。

——オードリー・ヘップバーン（女優）1929－1993

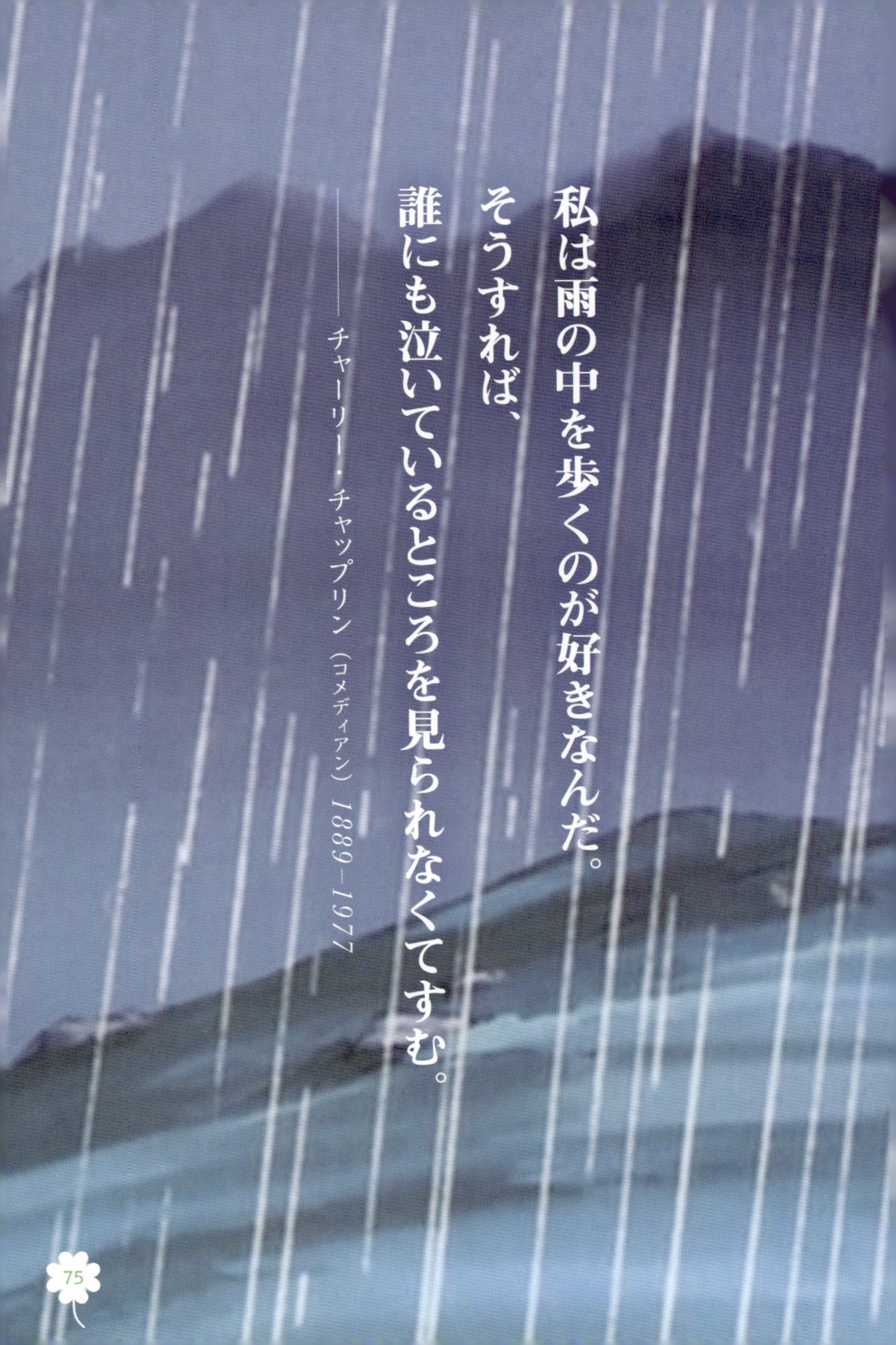

私は雨の中を歩くのが好きなんだ。
そうすれば、
誰にも泣いているところを見られなくてすむ。

――チャーリー・チャップリン（コメディアン）1889–1977

私にとって最高の勝利は、
ありのままで
生きられるようになったこと、
自分と他人の欠点を
受け入れられるようになったことです。

――オードリー・ヘップバーン（女優）1929―1993

私は決して拒絶しないし、
決して反対しない。
忘れてしまうことは時々ある。

――ベンジャミン・ディズレーリ（政治家）1804–1881

恨みを抱くな。
大したことでなければ、
堂々と自分のほうから謝ろう。
頑固を誇るのは小人の常である。
にっこり握手して
自分の過ちを認め、
いっさいを水に流して
出直そうと申し出てこそ、
大人物である。

——デール・カーネギー（作家）1888－1955

もう思いわずらうのはやめろ。
なるようになる。
すべてがなるようになる。
ただ人間は、それを愛しさえすればよいのだ。

――ロマン・ロラン（作家）1866–1944

私はこれまでの人生でずっと
「私は愛されない人間なんだ」と思ってきたの。
でも私の人生にはそれよりもっと
悪いことがあったと、はじめて気がついたの。
私自身、心から人を愛そうとしなかったのよ。

——マリリン・モンロー（女優）1926–1962

第4章

励ます

Encourage

HEIDI A GIRL OF THE ALPS

× *Words of wisdom*

Lewis Carroll / Audrey Hepburn / L.L.Colbert

Katherine Anne Porter / Saneatsu Mushanokoji / Mother Teresa

Francis Bacon / Ella Wheeler Wilcox / Konosuke Matsushita

Albert Einstein / Heraclitus / Joseph Murphy

Truman Capote / Dale Carnegie

Thomas Edison / Mary Johnstone / Mark Twain

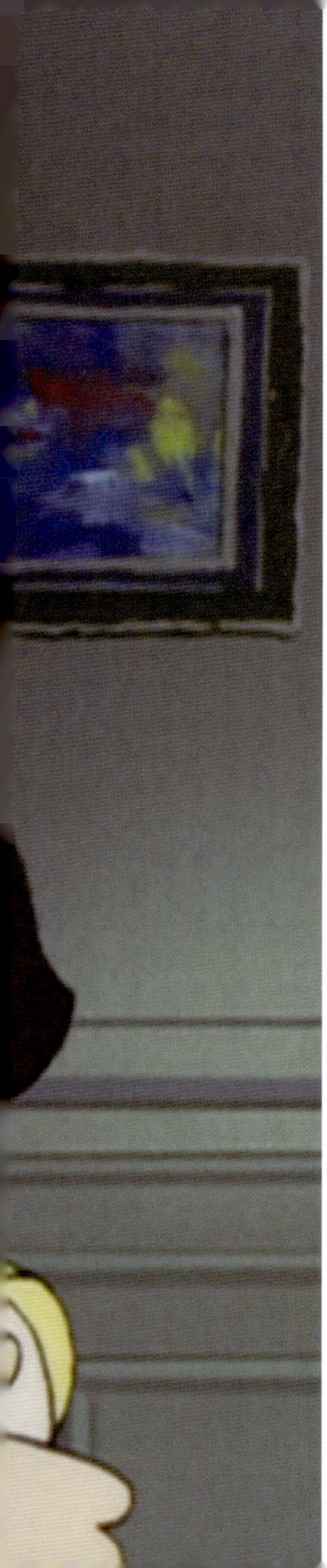

人間は不可能なことは信じられないものよ。
あなたはまだ
信じる練習が足りないんじゃないかしら。

――ルイス・キャロル（数学者）1832－1898

チャンスなんて、
そうたびたびめぐってくるものではないわ。
だから、いざめぐってきたら、
とにかく自分のものにすることよ。

――オードリー・ヘップバーン（女優）1929－1993

うまくいかなかった日は、
寝る前に自問する。
今ここで何かできることがあるのかと。
なければぐっすり寝る。

——L・L・コルベルト（詳細不明）

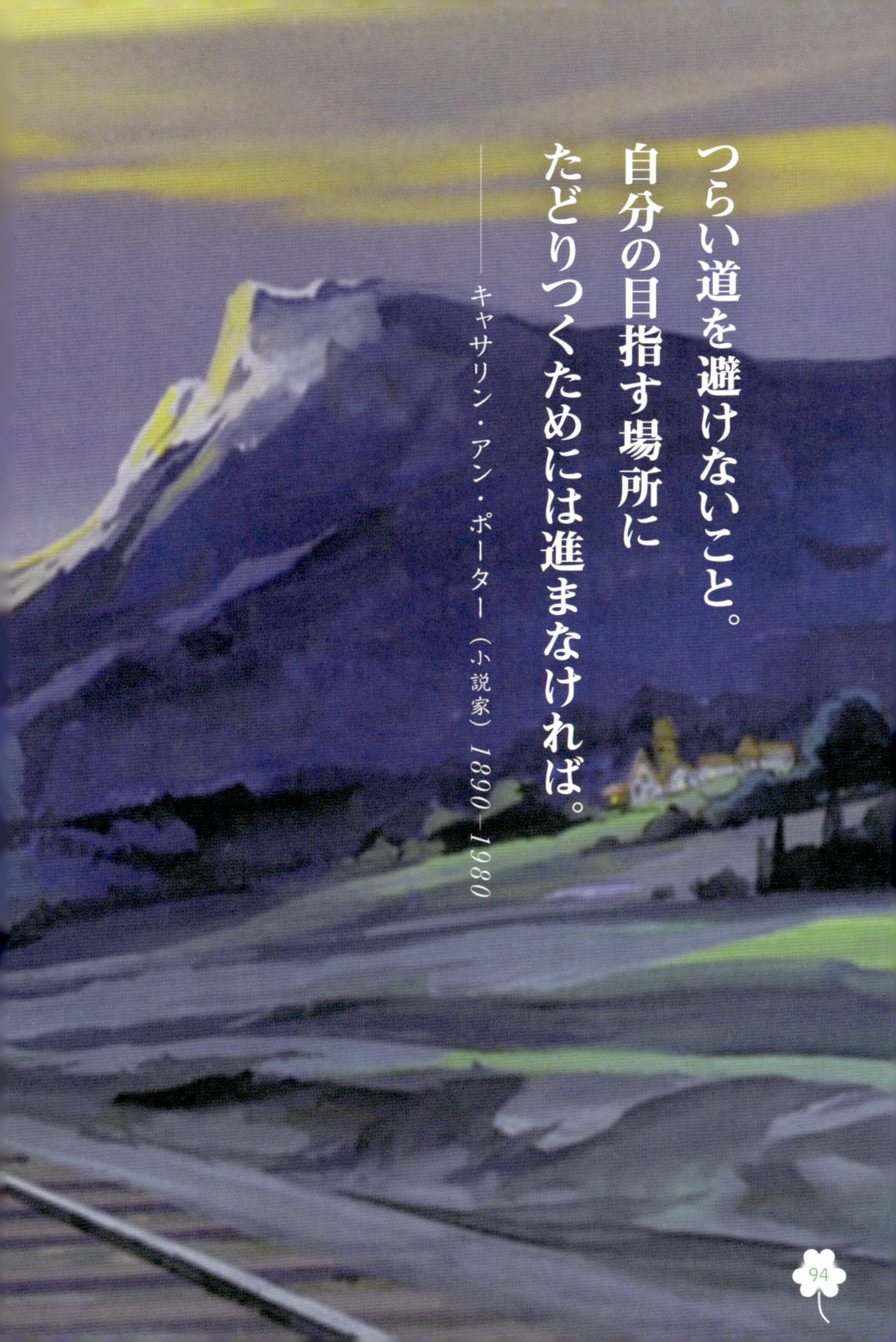

つらい道を避けないこと。
自分の目指す場所に
たどりつくためには進まなければ。

――キャサリン・アン・ポーター（小説家）1890–1980

もう一歩。
いかなる時も自分は思う。
もう一歩。
今が一番大事なときだ。
もう一歩。

——武者小路実篤（小説家）1885－1976

短くて口に出しやすい言葉でも、
心のこもった言葉はある。
そんな言葉はいつまでも心の中に輝き続ける。

——マザー・テレサ（修道女）1910–1997

海のほか何も見えないときに、
陸地がないと考えるのは、
けっしてすぐれた探検家ではない。

――フランシス・ベーコン（哲学者）1561–1626

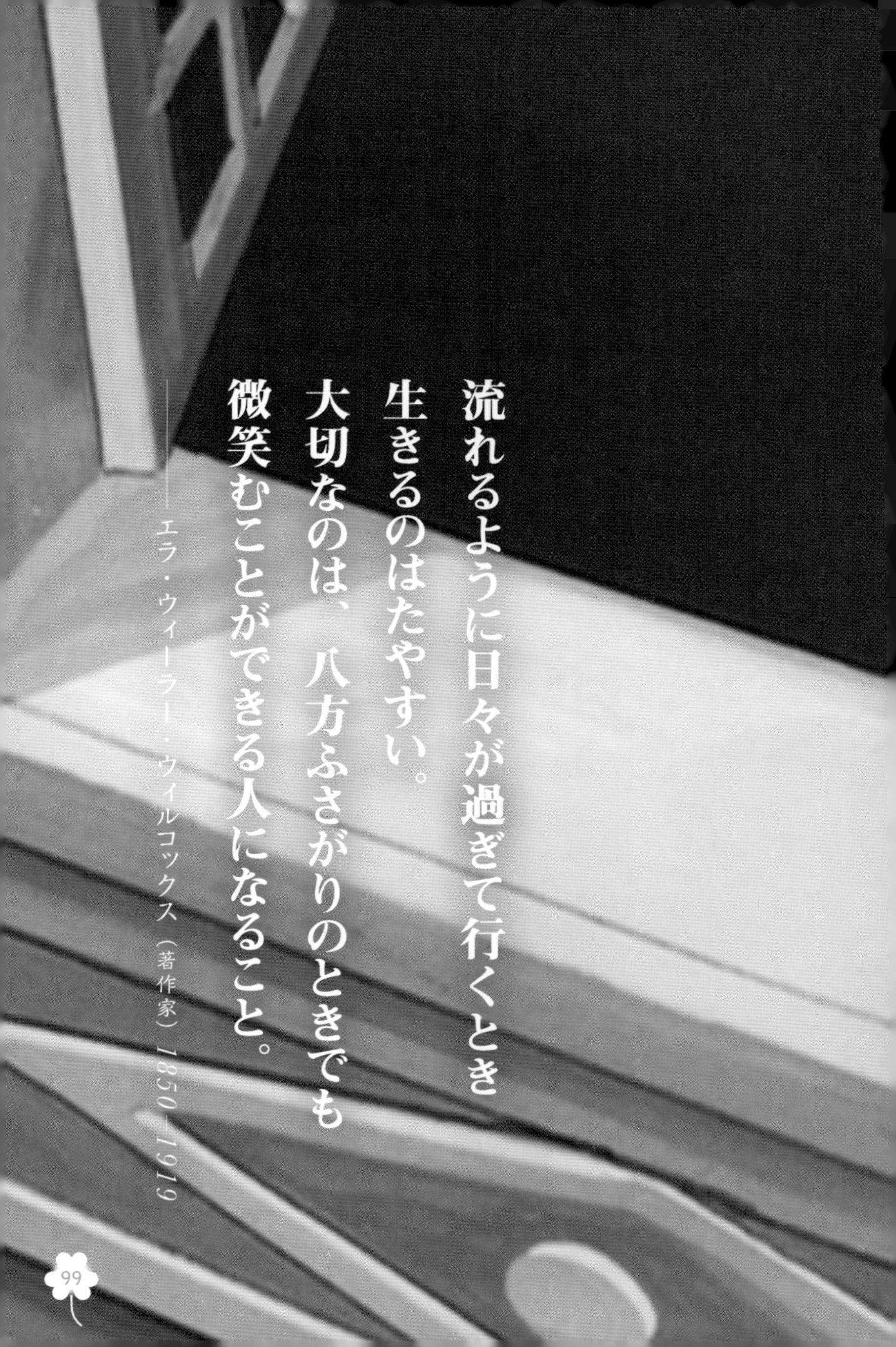

流れるように日々が過ぎて行くとき
生きるのはたやすい。
大切なのは、八方ふさがりのときでも
微笑むことができる人になること。

——エラ・ウィーラー・ウィルコックス（著作家）1850–1919

人には燃えることが重要だ。
燃えるためには薪が必要である。
薪は悩みである。
悩みが人を成長させる。

――松下幸之助（実業家）1894–1989

失敗したことがない人間というのは、
新しいことに挑戦したことのない人間だ。
成功者になるためではなく、
価値のある者になるために努力せよ。

——アルベルト・アインシュタイン（理論物理学者）1879–1955

深く眠っていても魂は働いており、
世界の役に立っている。

——ヘラクレイトス（哲学者）紀元前535年－紀元前475年

貴方に配られた
トランプのカードは不利ではない。
貴方の考えや感情が
不利にも有利にも作用するのだ。

——ジョセフ・マーフィー（著述家）1898—1981

失敗は成功の味を引き立てる調味料である。

——トルーマン・カポーティ（小説家）1924−1984

運命がレモンをくれたら、
それでレモネードを作る努力をしよう。

——デール・カーネギー（作家）1888–1955

大事なことは、
君の頭の中に巣くっている常識という理性を
綺麗さっぱり捨てることだ。
もっともらしい考えの中に
新しい問題の解決の糸口はない。

——トーマス・エジソン（発明家）1847–1931

叩かれたからといって、
へこんでしまうことはないわ。
あれだけ叩いて卵を泡立てても
ケーキはふくらむもの。

――メアリ・ジョンストン（作家）1870－1936

別に深く考えなくても、
日常生活の中で、私たちは
他の人々のために
生きているということがわかるものです。

——アルベルト・アインシュタイン（理論物理学者）1879–1955

自分を元気づける一番良い方法は、
誰か他の人を元気づけてあげることだ。

――マーク・トウェイン（小説家）1835－1910

第5章

分岐点

Turning point

HEIDI A GIRL OF THE ALPS

× *Words of wisdom*

Zora Neale Hurston / Chamfort

Dr.Seuss / Goethe / Clare Booth Luce

Stendhal / Mother Teresa / Eleanor Roosevelt

Audrey Hepburn / Katherine Anne Porter

Helen Keller / Lewis Carroll / Albert Einstein

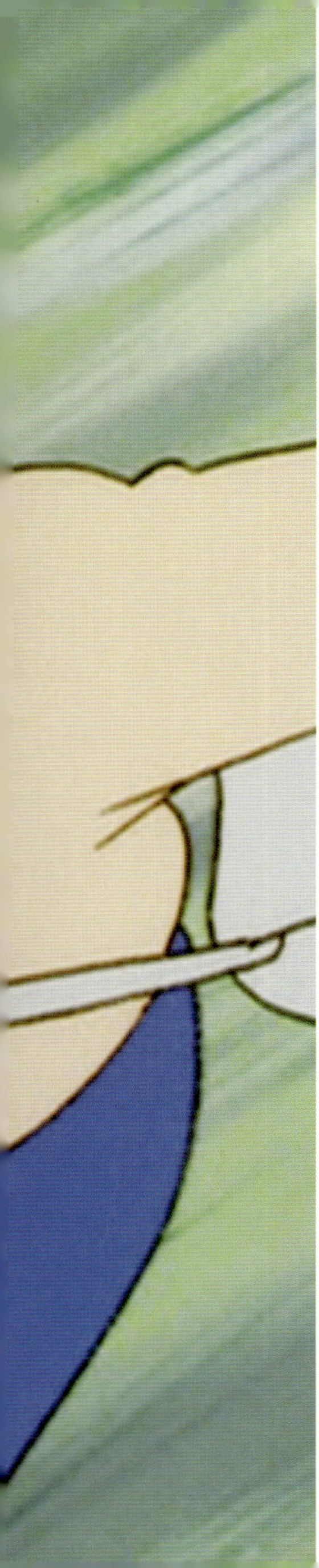

道に迷ったら、
心の中でささやく声に耳を傾けて。
あとは突き進むだけよ。

――ゾラ・ニール・ハーストン（小説家）1891−1960

チャンスが二度、
扉を叩くなどと考えてはいけない。

――シャンフォール（劇作家）1741–1794

右を考え、
左を考え、
下のことも上のことも考えよう。
やる気さえあれば、
どれだけの考えが見つかることか！

——ドクター・スース（作家）1904−1991

自分自身の道を迷って
歩いている子供や青年のほうが、
他人の道を間違いなく歩いている人々よりも
好ましく思う。

——ゲーテ（詩人）1749–1832

過去には帽子を脱いで敬意を表し、
未来には上着を脱いで立ち向かいなさい。

――クレア・ブース・ルース（劇作家）1903–1987

よい教育とは、
後悔を教えることである。
後悔は予見されれば、
天秤にひとつの重みを置く。

――スタンダール（小説家）1783–1842

本当に不幸なのは、
できることを未完のまま放り出し、
理解もしていないことを
やり始めてしまう人々だ。
彼らがやがて嘆くのも無理はない。

——ゲーテ（詩人）1749—1832

導いてくれる人を
待っていてはいけません。
あなたが人々を導いていくのです。

———マザー・テレサ（修道女）*1910–1997*

自分にはできないかも
知れないという恐れに
真正面から立ち向かうたびに、
あなたは強さと自信と経験を
勝ち取るのです。
だから、できないと思うことに
挑戦してごらんなさい。

——エレノア・ルーズベルト
（運動家）1884−1962

成功は誕生日みたいなもの。
待ちに待った誕生日がきても、
自分はなにも変わらないでしょ。

——————オードリー・ヘップバーン（女優）*1929−1993*

本当に正しいことのために
戦ったのなら、負けても恥じることはない。

——キャサリン・アン・ポーター（小説家）1890—1980

人生はどちらかです。
勇気をもって挑むか、棒にふるか。

――ヘレン・ケラー（教育家）1880―1968

どっちへ行きたいか
分からなければ、
どっちの道へ行ったって
大した違いはないさ。

——ルイス・キャロル
（数学者）1832–1898

生き方には２通りしかありません。
奇跡はどこにもないという生き方と、
すべてが奇跡だという生き方です。

――アルベルト・アインシュタイン（理論物理学者）1879－1955

第6章

自由

Freedom

HEIDI A GIRL OF THE ALPS

× *Words of wisdom*

Anne Frank / Willa Cather / Shigeta Saito

John Lennon / Yutaka Ozaki / Coco Chanel

Jean de La Bruyère / John F. Kennedy

Audrey Hepburn / Goethe

私の想像の翼は、
閉じ込められても閉じ込められても、
はばたき続けるの。

——アンネ・フランク（著作家）1929–1945

終着点はどうだっていい。
そこへ行くまでの道のりがすべてよ。

――ウィラ・キャザー（作家）1873−1947

世間からいくら
拍手喝采をあびようとも、
結局、自分らしく生きているという
実感が得られなければ、何の意味もない。

——斎藤茂太（精神科医）*1916–2006*

自分の心は　自分でめんどう見なきゃ。
かわりなんか誰もつとめちゃくれないよ。

――ジョン・レノン（ミュージシャン）1940－1980

孤独になる事も、
淋しくなる事も、
誰にも理解されない事も、
それは思うように生きる事の
代償なのかもしれない。

――尾崎豊（ミュージシャン）1965－1992

みんな、私の着ているものを見て笑ったわ。
でもそれが私の成功の鍵。
みんなと同じ格好をしなかったからよ。

――ココ・シャネル（ファッションデザイナー）1883－1971

時間の使い方の最も下手なものが、まずその短さについて苦情をいう。

――ジャン・ド・ラ・ブリュイエール（作家）1645–1696

われわれは時間を
道具のように使わねばいけない。
すがりつく松葉杖としてではなく。

――ジョン・F・ケネディ（政治家）1917–1963

一人ぼっちになるのはいやだけど、
そっとしておいて欲しいの。

――オードリー・ヘップバーン（女優）1929−1993

馬で行くことも、車で行くことも、
二人で行くことも、三人で行くこともできる。
だが、最後の一歩は
自分ひとりで歩かなければならない。

——ゲーテ（詩人）1749–1832

ひとりで見る夢は
ただの夢、
みんなで見る夢は
現実になる。

――――――ジョン・レノン
（ミュージシャン）*1940–1980*

第7章

幸福

Happiness

HEIDI A GIRL OF THE ALPS

× *Words of wisdom*

Jules Renard / Shigeta Saito / Mahatma Gandhi

Friedrich Hebbel / Prudentius / Helen Keller

Orison Swett Marden / Judy Garland

Mother Teresa / Paul Scherer / Joseph Murphy

Walt Disney / Saneatsu Mushanokoji

Socrates / Leo Tolstoy

毎朝、目を覚ますたびに、
お前はこう言ってもいいだろう。
目が見える。
耳が聞こえる。
体が動く。
気分も悪くない。
有難い！
人生は美しい。

――ジュール・ルナール（小説家）1864–1910

日々のちょっとした喜びを大切にし、
足元の現実を少しずつ積み重ねていくことが、
明るい未来につながっていくんだと思います。

――斎藤茂太（精神科医）1916–2006

友の幸福のために
どれだけ尽くしているか、
そこに人間の偉大さを測る物差しがある。

――マハトマ・ガンジー（政治指導者）1869–1948

幸福は小鳥のように
つかまえておくがいい。
できるだけそっと、ゆるやかに。
小鳥は自分が自由だと
思い込んでさえいれば、
喜んでお前の手の中にとどまっているだろう。

――フリードリヒ・ヘッベル（劇作家）1813－1863

楽しい顔で食べれば、
皿一つでも宴会だ。

——ブルデンチウス（詩人）348–413

もし幸福な生活を
送りたいと思う人々が
ほんの一瞬でも
胸に手を当てて考えれば、
心の底からしみじみと
感じられる喜びは、
足下に生える雑草や
朝日にきらめく花の露と同様、
無数にあることがわかるでしょう。

——ヘレン・ケラー（教育家）1880–1968

幸せを語りなさい。
あなたの苦悩を除いたところで、
世界は悲しみに満ちているのだから。

――オリソン・スウェット・マーデン（実業家）1850－1924

他の誰かではなく、
自分自身の最高を目指すべきである。

――ジュディ・ガーランド（女優）1922–1969

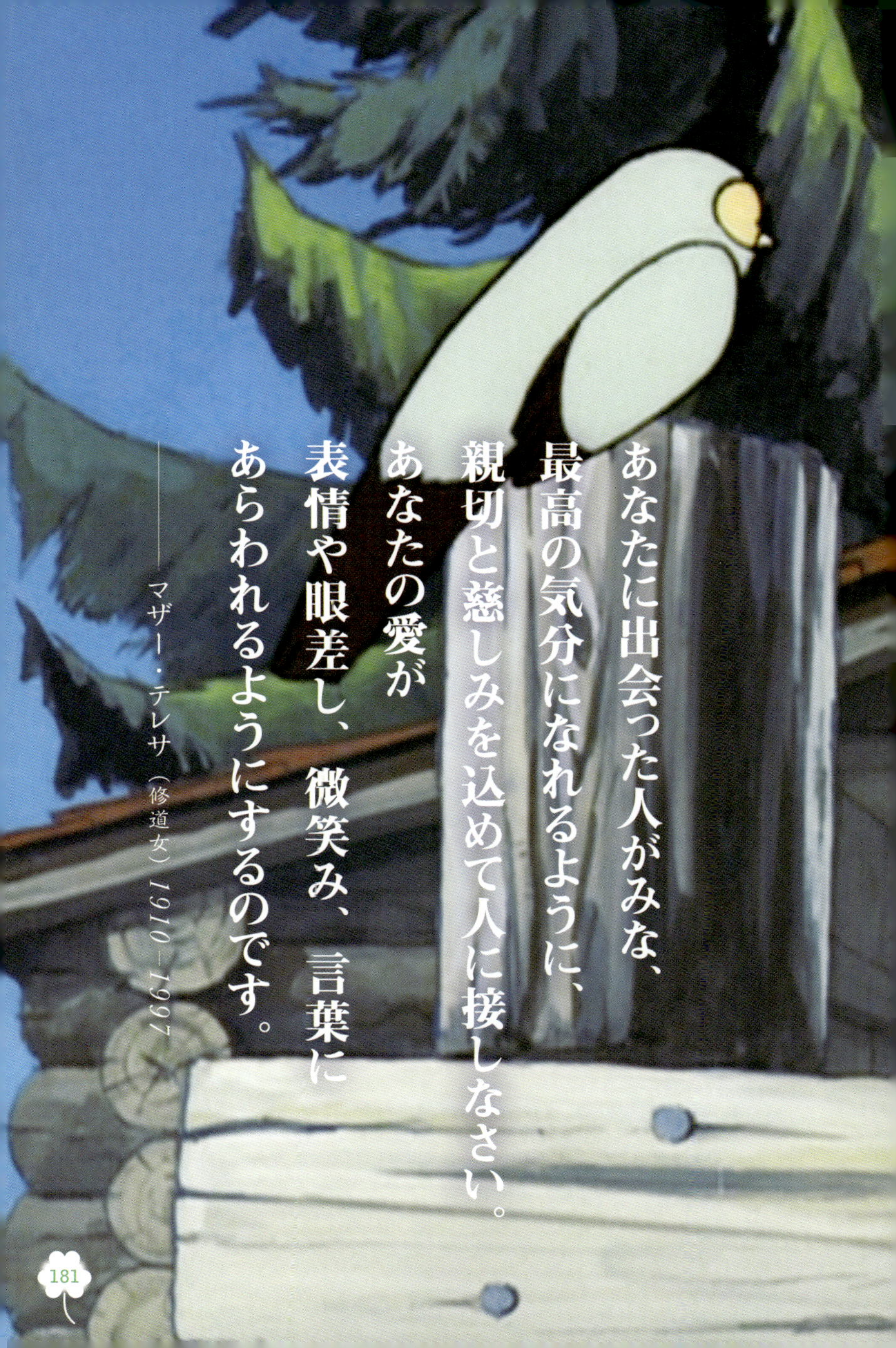

あなたに出会った人がみな、
最高の気分になれるように、
親切と慈しみを込めて人に接しなさい。
あなたの愛が
表情や眼差し、微笑み、言葉に
あらわれるようにするのです。

――マザー・テレサ（修道女）1910－1997

人間のほほえみ、
人間のふれあいを忘れた人がいます。
これはとても大きな貧困です。

――――マザー・テレサ（修道女）1910－1997

幸せを増やす唯一の方法は、
それを分け与えることだ。

――――――ポール・シーラー（詳細不明）―

幸福な人生を歩んでいる人は、
言葉の使い方を知っています。
言葉は選んで使いなさい。
言葉の選択一つで、
人生は明るくも暗くもなるのです。

——ジョセフ・マーフィー（著作家）1898－1981

与えることは最高の喜びだ。
他人に喜びを運ぶ人は、
自分自身の喜びと満足を得る。

——ウォルト・ディズニー（実業家）1901–1966

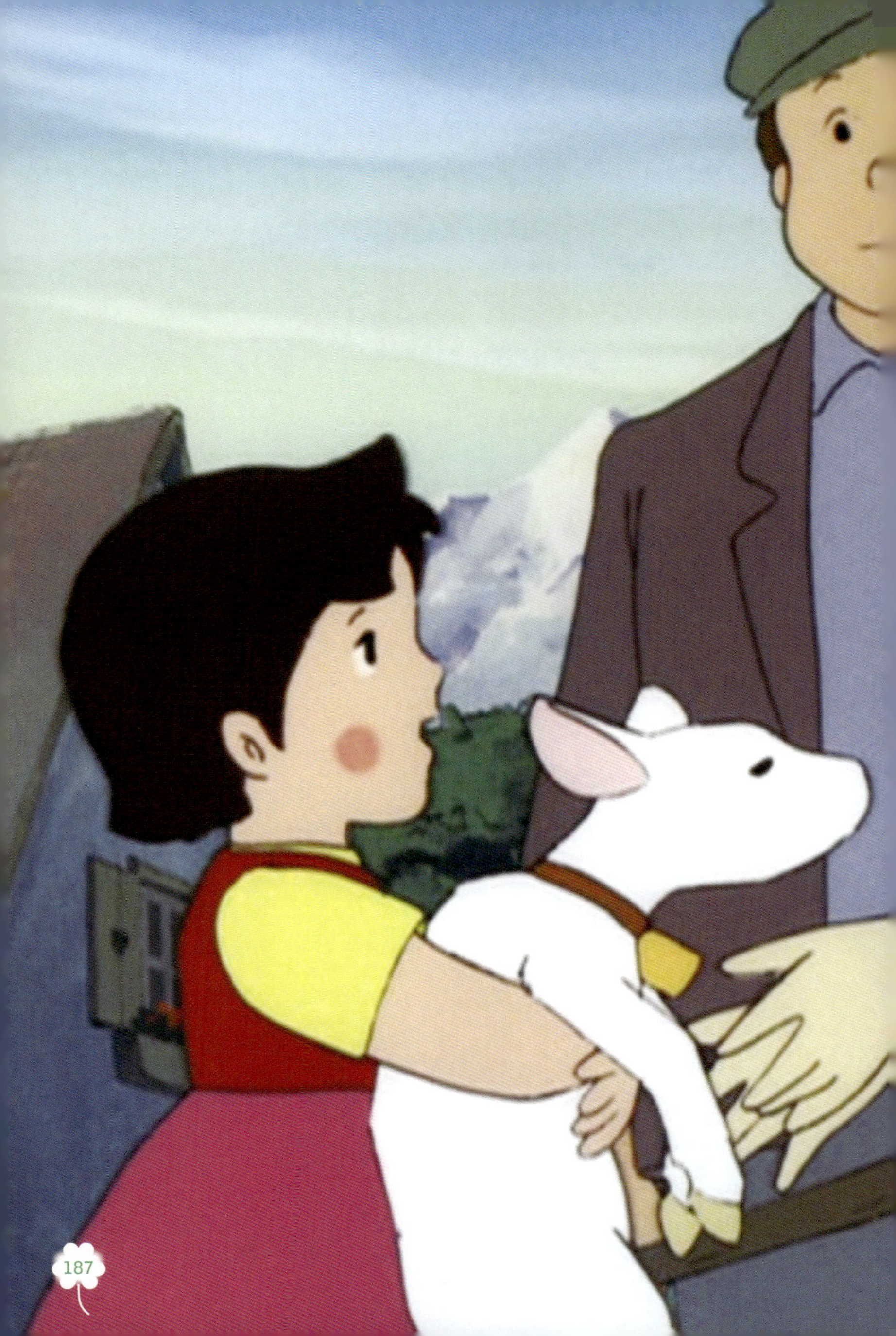

一番小さなことでも
満足できる人が一番裕福である。
何故なら満足を感じることが
自然が与えてくれる富だからだ。

――――ソクラテス（哲学者）
紀元前469年頃－紀元前399年

この世に生きる喜びの一つは、
人間の純粋な
心にふれることである。

——— 武者小路実篤（小説家）
1885–1976

幸福になりたいと思い、
幸福になろうと
努力を重ねること、
これが幸福への
一番の近道である。

――レフ・トルストイ
（小説家）1828–1910

アルプスの少女ハイジ
幸運を呼ぶ 100 の言葉

2016 年 11 月 29 日　第 1 刷発行

編　者　いろは出版
制　作　末永光（いろは出版）
発行者　木村行伸
発行所　いろは出版株式会社
京都市左京区岩倉南平岡町 74
TEL　075-712-1680
FAX　075-712-1681
H P　http://hello-iroha.com
MAIL　letters@hello-iroha.com
印刷・製本　株式会社シナノパブリッシングプレス
装　丁　坂田佐武郎

乱丁・落丁本はお取替えします。

「アルプスの少女ハイジ」公式ホームページ
http://www.heidi.ne.jp

ISBN 978-4-86607-009-4